ANALIZA KSIĄŻKI

AF137668

Szkola uczuc

• • • • • • • • • • • • • • • •

GUSTAVE FLAUBERT

ANALIZA KSIĄŻKI

Napisany przez Pauline Coullet
Przetłumaczony przez Kâmil Kowalski

Szkola uczuc

· ·

Gustave Flaubert

FLAUBERT

PISARZ FRANCUSKI

- **Urodził się w Rouen w 1821 r.**

- **Zmarł w okolicach Rouen w 1880 r.**

- **Godne uwagi prace:**

  - *Salammbô* (1862), powieść

  - *Szkola uczuc* (1869), powieść

  - *Bouvard i Pécuchet* (1881), niedokończona powieść

Gustave Flaubert urodził się w Rouen w 1821 roku. Pasjonował się pisaniem i już w bardzo młodym wieku odkrył swoje literackie powołanie. W 1841 roku wyjechał do Paryża, aby rozpocząć studia prawnicze, z których wkrótce potem zrezygnował. Autor zamieszkał wówczas w Croisset, nad brzegiem Sekwany i uczęszczał do ówczesnych towarzystw literackich. Poznał tam między innymi Charlesa Baudelaire'a (francuski poeta, 1821-1867), Iwana Turgieniewa (rosyjski pisarz, 1818-1883), George Sand (francuska pisarka, 1804-1876) i Guy de Maupassanta (francuski pisarz, 1850-1893), dla których stanie się wzorem do naśladowania. Był obsesyjnym perfekcjonistą, bronił literatury refleksyjnej i marzył o napisaniu "książki o niczym". Jego twórczość, wyróżniająca się w równym stopniu głębią psychologicznego studium postaci, jest prekursorem wielu ewolucji, jakie powieść przejdzie w 20th wieku. Flaubert zmarł w 1880 roku, pozostawiając kilka niedokończonych powieści i bogactwo listów.

SZKOLA UCZUC

MIERNOTA PISARSKA

- **Gatunek:** powieść

- **Wydanie źródłowe:** Flaubert, G. (1922) *Sentimental Education*. Trans. Knowlton Ranous, D. New York: Brentano's.

- **Pierwsze wydanie:** 1869

- **Tematy:** miłość, rite of passage, rozczarowanie, Francja, rewolucja, idealizm, porażka

Flaubert napisał tę powieść między wrześniem 1864 a majem 1869 roku. Po długim zastanawianiu się nad różnymi możliwymi tytułami, domyślnie ponownie wykorzystał tytuł pisma z młodości, *Szkola uczuc*, do którego dodał podtytuł: *The Story of a Young Man*.

Po jej wydaniu przyjęcie ze strony krytyków było chłodne; Barbey d'Aurevilly (pisarz francuski, 1808-1889) był wręcz wrogi. Jedynie George Sand broniła powieści. Flaubert musiałby czekać na takich autorów jak Émile Zola (pisarz francuski, 1840-1902) czy Marcel Proust (pisarz francuski, 1871-1922) oraz krytyków takich jak Thibaudet (francuski krytyk literacki, 1874-1936), aby jego reputacja w literaturze francuskiej została przywrócona.

Dzieło to, częściowo inspirowane epizodami z prywatnego życia Flauberta, przedstawia niezdolność młodego człowieka do miłości i znalezienia swojego miejsca w społeczeństwie.

PODSUMOWANIE

CZĘŚĆ I

Rozdział 1

1840. Frederick Moreau zapisał się na wydział prawa w Paryżu. Przed rozpoczęciem kursów jedzie do matki w Nogent. Podczas podróży statkiem poznaje tam Monsieur Arnoux i jego żonę, i natychmiast zakochuje się w tym drugim.

Rozdział 2

Frederick spotyka się z Deslauriersem, dawnym przyjacielem ze szkoły. Z podnieceniem wyobrażają sobie swoją przyszłość.

Rozdział 3

1841. Samotny i przebywający w Paryżu Frederick marzy o Madame Arnoux. Bezskutecznie próbuje nawiązać kontakt z Dambreusami, socjety z wyższej klasy. Młody człowiek odwiedza dwóch innych studentów, Martinona i markiza de Cisy, ale nudzi się.

Rozdział 4

Podczas protestów studenckich Frederick spotyka Hussonneta i Dussardiera. Dzięki wstawiennictwu Hussonneta – pracującego dla *L'Art Industriel*, pisma prowadzonego przez Jacquesa

Arnoux – Fryderykowi udaje się ponownie zobaczyć Madame Arnoux. Spotyka również Regimbarta i Pellerina.

Rozdział 5

1842-1843. Myśl o zdobyciu Madame Arnoux staje się dla Fryderyka obsesją. Nie zdaje egzaminów. Będąc u Deslauriersa, wpada na Jacquesa Arnoux, któremu towarzyszy jedna z jego prawdopodobnych kochanek, Vatnaz. Frederick wraca do pracy i zdaje egzaminy. Kiedy jednak dowiaduje się, że jego fortuna została roztrwoniona, młodzieniec postanawia wrócić do życia na przedmieściach.

Rozdział 6

1843-1846. Frederick znajduje pracę w Nogent i poznaje Louise Roque. W porę otrzymany spadek daje mu dochody, o których nigdy nie mógł marzyć. Porzuca więc Louise, która jest bardzo zdenerwowana, i wraca do Paryża.

CZĘŚĆ II

Rozdział 1

1845. W Paryżu Fryderyk szuka Jacquesa Arnoux, ale go nie znajduje. Dowiaduje się, że przeniósł się i rozpoczął pracę jako handlarz garnków. Kiedy widzi Madame Arnoux po trzech latach nieobecności, młody człowiek stwierdza, że się zmieniła; ma małego chłopca. Jednak jego pociąg do niej nie ustaje. Deslauriers z kolei zrezygnował ze studiów i wykazuje skłonności socjalistyczne; dodatkowo planuje założenie pisma o charakterze bojowym. Arnoux zabiera Fryderyka na bal maskowy, gdzie przedstawia go jednej ze swoich kochanek, Rosanette.

Rozdział 2

1846-1847. Fryderyk zostaje zaproszony do mieszkania Dambreusów. Dowiaduje się też o kłopotach finansowych Jacquesa Arnoux i mówi o nich jego żonie, która prosi młodzieńca, by miał oko na jej męża. Arnoux jednak zdradza żonę z Rosanette, która jest od niego zależna finansowo. Sam Fryderyk nie ukrywa swojego zainteresowania *lorette* (francuskie słowo nadawane ówczesnym prostytutkom). Następnie spędza czas między domem Arnoux, pokojem Rosanette i mieszkaniem Dambreusów.

Rozdział 3

1847. Z jednej strony Fryderyk wysłuchuje skarg Madame Arnoux na jej problemy małżeńskie, nie mając odwagi wyznać jej miłości, gdyż uczyniła go swoim powiernikiem. Z drugiej strony młodzieniec nadal przyjaźni się z Jacques'em Arnoux. Stara się więc przyjść mu z pomocą finansową, pożyczając mu pieniądze, które obiecał magazynowi Deslauriers. Jacques Arnoux nie odwdzięcza mu się jednak. Kiedy Deslauriers prosi o swoje pieniądze, Fryderyk udaje, że stracił je w grach hazardowych: przyjaźń między dwoma mężczyznami jest zrujnowana. Straciwszy wszelką nadzieję na romantyczne spotkanie z Madame Arnoux, Frederick kieruje swój wzrok na Rosanette.

Rozdział 4

Frederick dołącza do Rosanette w jej niecnych działaniach. Jego rywalizacja z Cisy, kolejnym kochankiem kurtyzany, prowadzi w końcu do pojedynku, podczas którego Cisy mdleje z przerażenia. U Dambreusów Fryderyk sprowadza na siebie hańbę, odwołując się do ustalonego porządku. Młody człowiek wraca do Nogent.

Rozdział 5

W chwili, gdy ma poślubić Louise Roque, Fryderyk otrzymuje listy (od Monsieur Dambreuse, Rosanette i Deslauriers), które sprawiają, że chce wrócić do stolicy. Młody człowiek ponownie opuszcza Louise, twierdząc, że ma interesy do załatwienia w Paryżu.

Rozdział 6

Późny rok 1847. Życie polityczne jest niespokojne. Fryderyk w końcu dzieli się swoimi uczuciami do Madame Arnoux, ale ich relacja pozostaje platoniczna. Młody mężczyzna prosi ją o intymne spotkanie, na co ona przystaje. Nie jest jednak w stanie udać się na spotkanie, gdyż jej syn jest chory. Gdy ten wyzdrowieje, przysięga, że nigdy nie podda się cudzołóstwu. Rozczarowany Fryderyk ponownie zostaje kochankiem Rosanette.

CZĘŚĆ III

Rozdział 1

W lutym 1848 roku wybucha rewolucja. Powstaje rząd tymczasowy. Ponieważ zbliżają się wybory parlamentarne, Monsieur Dambreuse sugeruje Fryderykowi, że powinien wystartować w okręgu wyborczym Nogent. Przestraszony antyklasowymi ideami młodego człowieka, Dambreuse startuje w tym samym okręgu i pokonuje go. Frederick zostaje wówczas wykluczony z kongresu drobnych przeciwników politycznych. Rosanette wytyka mu jego rewolucyjne skłonności. Młodzieniec zabiera wtedy swoją kochankę na jakiś czas do Fontainebleau, gdzie uświadamia sobie jej wady. Kiedy w czerwcu 1848 roku wracają do Paryża, reakcjoniści zdobywają przewagę w politycznych walkach.

Rozdział 2

Podczas kolacji z Dambreusami, Fryderyk jest jednocześnie skonfrontowany z Louise i jej ojcem z jednej strony, a rodziną Arnoux z drugiej. Louise dowiaduje się o związkach Fryderyka z Rosanette. Kiedy młodzieniec idzie do Rosanette, Louise podchodzi do niego i proponuje mu małżeństwo: on wzbrania się. W środku nocy Louise udaje się do domu mężczyzny, którego kocha, ale konsjerż odmawia jej wstępu.

Rozdział 3

1849-1850. Nie mogąc ponownie zjednać sobie Madame Arnoux i zostawiony przez Rosanette, która zaszła w ciążę, Fryderyk uwodzi Madame Dambreuse, która zostaje jego kochanką. Ma nadzieję, że będzie ona dla niego przydatna, gdy będzie próbował wspiąć się po drabinie społecznej.

Rozdział 4

1851. Owdowiała Madame Dambreuse proponuje Fryderykowi małżeństwo. Ten zgadza się na nie, jednocześnie kontynuując swój związek z Rosanette, która właśnie urodziła dziecko.

Obiecuje obu kobietom wieczną miłość. Noworodek umiera nagle. Dowiadujemy się, że siostrzenica Monsieur Dambreuse'a, Cécile, jest w rzeczywistości jego nieślubną córką. Spadek po bankierze nie trafia więc do Madame Dambreuse.

Rozdział 5

Dowiadując się o kompletnej ruinie rodziny Arnoux, Fryderyk chce im pomóc, ale oni już opuścili Paryż. Rzeczy należące do małżeństwa zostają sprzedane. Fryderyk kończy jednocześnie swoje związki z Madame Dambreuse i Rosanette. Ma nadzieję wrócić do Louise Roque, ale ta wychodzi za mąż za Deslauriersa. Tymczasem dochodzi do zamachu stanu dokonanego przez Napoleona III.

Rozdział 6

Prawie 18 lat później (1867) Fryderyk i Madame Arnoux widzą się ponownie. Po podzieleniu się wzajemnymi emocjonalnymi wspomnieniami, żegnają się na zawsze.

Rozdział 7

1869. Fryderyk i Deslauriers widzą się ponownie. Pogodzili się i zdają sobie sprawę, że nie spełnili swoich dziecięcych ambicji. Następnie wiodą życie jako samotni mężczyźni z niższej klasy średniej.

STUDIUM POSTACI

FREDERICK MOREAU

Główny bohater powieści, Frederick ma 18 lat, kiedy się zaczyna i 47, kiedy historia zbliża się do końca. Jego ojciec zginął w pojedynku, a matka ma dla niego wiele ambitnych pomysłów. Frederick jest romantycznym, choć niezdecydowanym, młodym człowiekiem, a także ma tendencję do odwlekania i wydawania zbyt wielu pieniędzy. Rozpoczyna studia prawnicze, ale ich nie kończy.

Jego ruina (pod koniec pierwszej części) jest momentem kluczowym: to szansa Fryderyka na wyznaczenie sobie właściwego, osobistego celu. Ale niespodziewany spadek, który mu przypada, zachęca go do dalszego życia w ten sam sposób: nadal ucieka od obowiązków.

Miłością jego życia zawsze będzie Madame Arnoux, mimo zdobywanych kochanek (m.in. Rosanette i Madame Dambreuse):

> *"Obracał się w towarzystwie i przywiązał się do wielu kobiet. Ale ciągłe wspominanie pierwszej miłości sprawiało, że wszystkie wydawały się mdłe; a poza tym zniknęła gwałtowność pożądania, rozkwit wrażeń" (s. 195).*

Bezczynny członek niższej klasy średniej, żyje ze swoich prywatnych dochodów, aż do końca ostatniego rozdziału.

MARIE ARNOUX

Żona Jacquesa Arnoux jest o 10 lat starsza od Fryderyka. Historia pokazuje ją w wieku od 28 do 57 lat. Ma dwoje dzieci, dziewczynkę i chłopca. Bogata, należąca do klasy średniej kobieta na początku swojego małżeństwa, potem cierpi z powodu finansowych nieszczęść męża. Po zamieszkaniu w Paryżu, wynajmuje mieszkanie w Auteuil, po czym ucieka do Bretanii i zostaje wdową.

Fryderyk spotyka ją po raz pierwszy na statku, który wiezie go do Nogent, do *Ville-de-Montereau*. Natychmiast zakochuje się w niej. Romantyczny związek Fryderyka i Marii wydaje się jednak niemożliwy. Stoją za tym różne powody.

- Fryderyk zbytnio idealizuje Marie. Stawiając ją na piedestale, robi z niej idola, istotę abstrakcyjną, zbyt wzniosłą, by można było do niej dotrzeć:

   "To, co wtedy zobaczył, było jak wizja. Siedziała pośrodku ławki zupełnie sama, a przynajmniej tak mu się wydawało; nie mógł dostrzec nikogo innego, olśniony tak jak był przez jej oczy" (s. 5).

   "Przypominała kobiety, o których czytał w romansach. Nic nie można było dodać do uroków jej osoby i nic nie można było im odebrać. Wszechświat nagle się powiększył. Ona była świetlistym punktem, ku któremu zbiegały się wszystkie rzeczy" (s. 11).

- Macierzyńskie powietrze, którym Madame Arnoux jest zawsze zablokowana, paraliżuje młodego człowieka, który jest uwięziony w swego rodzaju kompleksie Edypa wobec tej starszej kobiety. Blokada ta trwa aż do ich ostatecznego spotkania:

   "A jednak w następnej chwili poczuł niewytłumaczalny wstręt do myśli o takiej rzeczy, i jakby obawę przed popełnieniem winy kazirodztwa. Ogarnęła go też inna obawa – żeby potem nie opanowało go obrzydzenie. Poza tym, jakie to byłoby krępujące! – i porzucając ten pomysł, częściowo przez ostrożność, a częściowo przez postanowienie nie poniżania swojego ideału, odszedł i zaczął zwijać papierosa między palcami" (s. 200-201).

Co więcej, to właśnie rola matki uniemożliwia Madame Arnoux udanie się na spotkanie przy Rue Tronchet: musi opiekować się synem, Eugène, który jest bardzo chory.

- Marie Arnoux marzy tylko o spokoju, odpoczynku i spokojnym życiu. Pomimo tego, że doskonale zdaje sobie sprawę z niewierności męża, pozostaje mu wierna. A miłość, do której w końcu przyznaje się Fryderykowi, to nic innego jak nostalgiczne przywiązanie.

Według krytyków Flauberta postać Marie Arnoux była bezpośrednio inspirowana Élisą Schlesinger, którą Flaubert, będąc jeszcze studentem prawa, poznał na plaży w Trouville w 1836 roku.

ROSANETTE

Początkowo kurtyzana ta jest jedną z kochanek Jacques'a Arnoux, po czym staje się kochanką Fryderyka. Fryderyk doskonale zdaje sobie sprawę, że ma ona innych kochanków (w tym markiza de Cisy). Jednak Rosanette jest dla niego jedynie ujściem, pozwalającym mu zapomnieć o rozczarowaniach z rąk Madame Arnoux, a nawet szukać zemsty.

Obecność Rosanette staje się jednak coraz bardziej dominująca w życiu Fredericka: marzy ona o życiu z klasą średnią. Ma z nim nawet dziecko, choć ono nie przeżywa. Para pozostaje ze sobą przez jakiś czas, ale Fryderyk postanawia z nią skończyć, gdyż jest ona tylko próżną namiastką Madame Arnoux. Młody mężczyzna zrzuca winę na nieostrożne czyny popełnione przez nią z powodu zazdrości o Madame Arnoux przy zerwaniu z nią.

DESLAURIERS

Deslauriers i Frederick Moreau znają się od czasów szkolnych. Na początku opowieści Deslauriers jest w pewnym sensie alter ego Fredericka: obaj pielęgnują marzenia o chwale.

Bohater ten chciałby mieć "dziennik, w którym mógłby się wykazywać, mścić i wypluwać swoją żółć i opinie" (s. 195). Na skutek nieporozumienia, które udaremnia ten plan, przyjaźń Deslauriersa i Fryderyka lega w gruzach. Dwaj przyjaciele stają się przeciwnikami: Deslauriers negatywnie wpływa na osoby bliskie Fryderykowi – doradza Rosanette, by wystąpiła na drogę sądową przeciwko Jacques'owi Arnoux i zachęca Madame Dambreuse do sprzedaży mieszkania Arnoux. Ponadto żeni się z Louise Roque, jedyną kobietą, która kiedykolwiek kochała Fryderyka z jakąkolwiek szczerością. Moreau i Deslauriers spotykają się jednak ponownie pod koniec powieści. Opowiadają wtedy o swoich porażkach: Frederick jest sam, a Louise opuściła Deslauriersa, który jest teraz nikim więcej niż niskim pracownikiem rady.

THE DAMBREUSES

Monsieur Dambreuse jest bankierem, a także przebiegłym i oportunistycznym politykiem. Fryderyk, zafascynowany luksusem, w jakim żyje ta para, postanawia uwieść Madame Dambreuse, mimo że nie jest nią szczególnie zainteresowany: zauważa, że ma ona "rozkwit, w którym nie było blasku, jak w owocach konserwowanych" (s. 164). Uwiedzenie wydaje się łatwe, ale Fryderyk rozumie później, że pozwoliła na to z nudów. Kiedy zostaje owdowiała, prosi Fryderyka o rękę. Nie otrzymuje spadku po mężu, który ten pozostawił swojej siostrzenicy (która w rzeczywistości jest jego biologiczną córką).

ANALIZA

STATYSTYCZNY MŁODY CZŁOWIEK

Na pierwszy rzut oka tytuł utworu zdaje się wskazywać, że jest to powieść o dojrzewaniu, ale wcale tak nie jest. W rzeczywistości w *Edukacji sentymentalnej* główny bohater nie ewoluuje. Frederick Moreau nie jest nawet bohaterem. Jest z pewnością idealistą, ale bycie idealistą nie przeszkadza w ustaleniu osobistych celów i poświęceniu się osiągnięciu wyznaczonego celu, wręcz przeciwnie. A jednak życie Fredericka, dalekie od bycia stałą i linearną ścieżką, jest niczym innym jak nijaką, powtarzalną serią niewykorzystanych szans.

> *"Następnie każdy z nich przystąpił do podsumowania swojego życia.*
>
> *Obaj zawiedli się na swoich obiektach – ten, który marzył tylko o miłości, a drugi o władzy.*
>
> *Jaki był tego powód?*
>
> *"Tis być może ze względu na to, że nie zajął odpowiedniej linii – powiedział Fryderyk.*
>
> *'W twoim przypadku może tak być. [...]'" (p. 205).*

Postać ta kontrastuje z determinacją, jaką wykazywali się Stendhal (1783-1842), Balzac (1799-1850) czy Hugo (1802-1855): jeśli spotykała ich porażka, to przynajmniej dlatego, że czegoś próbowali. Frederick, więzień własnej bezczynności, jest ucieleśnieniem nonszalancji i inercji. Nigdy nie podejmuje inicjatywy, nie przewiduje wydarzeń, lecz daje się im ponieść. Dwie hipotezy mogą to wyjaśnić:

- Albo jest przesadnym romantykiem, który nigdy nie jest w teraźniejszości, który bardziej marzy o swoim życiu niż je przeżywa i który zadowala się tym, co jest w jego wyobraźni, nigdy nie przekładając tego na realne działania;

- Albo jest tchórzem, który wobec ogromu wszystkiego, co jest możliwe, nigdy nie odważy się podjąć zdecydowanych działań. Ma obsesję na punkcie czystości i doskonałości, boi się, że coś się pomyli lub podejmie złe decyzje. Przeraża go myśl o oszustwie i niechętnie podejmuje jakikolwiek wysiłek. Jeśli ma wątpliwości, zawsze się poddaje.

Krótko mówiąc, Fryderyk nigdzie nie dochodzi do celu i popada w permanentną stagnację. Między początkiem a końcem powieści nie dzieje się nic uderzającego ani godnego uwagi. Nie ma fabuły w ścisłym tego słowa znaczeniu.

PORAŻKI FRYDERYKA

Ta logika porażki dominuje w każdej dziedzinie życia młodego człowieka: w miłości, przekonaniach i zachowaniu. Fryderyk kręci się w kółko w impasie, tkwi w miejscu.

Cicha miłość

Fryderyk okazuje się niezdolny do otrzymania odwzajemnionych uczuć od Marii Arnoux. Ciągle odwleka swoją deklarację:

> *"Od rana szukał okazji, by się oświadczyć; teraz nadeszła. Poza tym spontaniczne ruchy Madame Arnoux wydawały mu się zawierać obietnice [...]. Ale kiedy usiadł obok niej, znów zaczął czuć się zakłopotany. Nie mógł znaleźć punktu wyjścia"* (s. 256).

Młody człowiek może sobie zapewniać, że będzie działał, ale jego próby zawsze zostają przerwane. Czy nie czuje się na siłach? A może idea miłości jest dla niego bardziej pociągająca niż sama rzecz? Widzimy przynajmniej, że ten stan rzeczy pobudza jego wyobraźnię:

> *"[...] marzył o szczęściu życia z nią, o tym, żeby ją 'żegnać' i 'żegnać', żeby przesuwać leniwie rękę po jej opaskach na głowie, albo żeby pozostać w postawie klęczącej na podłodze, z obiema rękami wtulonymi w jej talię, żeby pić jej duszę swoimi oczami. Aby tego dokonać, trzeba by pokonać Los; a więc niezdolny do działania, przeklinający Boga i oskarżający się o tchórzostwo, poruszał się niespokojnie w granicach swojej namiętności, tak jak więzień porusza się w swoim lochu" (s. 90).*

Niewątpliwie mierzy też różnice między nimi i zmaga się z potencjalnymi rozczarowaniami, które wynikłyby z ich związku.

Niezależnie od przyczyny, Frederick zawsze myśli o miłości jako o czymś, co mogłoby się zdarzyć, a nie o czymś, co się zdarzy lub dzieje. W końcu to zwlekanie prowadzi do szkodliwych frustracji wynikających z niezaspokojonej namiętności. Nie mogąc mieć jedynej kobiety, którą kocha, młodzieniec zwraca się do zamienników: Rosanette i Madame Dambreuse, nie mówiąc już o Louise Roque.

Wreszcie, podczas ostatniego spotkania Fryderyka z ukochaną kobietą, melancholijna nostalgia zastępuje tę patologiczną prokrastynację. Jednocześnie Fryderyk nigdy nie będzie mógł doświadczyć swojej miłości w teraźniejszości. W istocie, podczas ostatniego spotkania oboje bohaterowie mówią w czasie przyszłym złożonym: "Nieważne; będziemy się kochać naprawdę!" (p. 198).

Ostatni rozdział ujawnia nam zatem inne wydarzenie, które miało miejsce przed akcją powieści: jako nastolatkowie

Fryderyk i Deslauriers nie byli na tyle odważni, by wejść do domu publicznego i uciekli. W pewien sposób ta niewykorzystana szansa była zapowiedzią.

Nie można pisać

Fryderyk jest zapalonym czytelnikiem i chce pisać, ale nigdy nie udaje mu się okiełznać swojej wyobraźni ani skończyć tego, co zaczyna pisać: *Sylvio, syn rybaka* i *Historia renesansu*. Postanawia też kupić cały zestaw sprzętu malarskiego, którego nigdy nie użyje.

Ignorant w sprawach polityki

Młody człowiek, który twierdził, że jest ambitny, jest świadkiem burzliwych wydarzeń swojej epoki jako zwykły widz, jakby go to nie dotyczyło. Nie wykorzystuje okoliczności do protestu, nigdy nie korzysta z okazji, by zabłysnąć. Ponadto nic nie rozumie ze spraw publicznych, a bunty 1848 roku pozostawiają go w zakłopotaniu: "Frederick nie mógł, na całe życie, zrozumieć konieczności tak dużej ilości rancoru i wituperatywnego języka" (s. 192). Pomimo chwilowego wzrostu zainteresowania polityką, Fryderyk zostaje pokonany przez Monsieur Dambreuse.

Zmarnowany bohater

Pojedynek, który muszą stoczyć Fryderyk i Cisy, byłby dla Fryderyka okazją do udowodnienia swojego honoru. Ale ten pojedynek zostaje przerwany w absurdalny sposób: zanim jeszcze rozpocznie się walka, Cisy mdleje.

POKOLENIE NIEUDACZNIKÓW

Zafascynowany przeciętnością Flaubert nie przedstawia tylko jednego pozbawionego talentu młodzieńca, ale całe pokolenie głupich i niedoświadczonych młodzieńców. Są to wyprane postacie, które działają jak lustra głupoty Fryderyka:

- Deslauriers, jego towarzysz wspinaczki społecznej, który nie robi nic poza naśladowaniem pragnień swojego alter ego i również zna tylko porażkę;

- Jacques Arnoux, cham, szukający przyjemności, którego niepowodzenia finansowe od początku do końca puentują akcję powieści;

- Pellerin, nieudany artysta, który nie potrafi tworzyć – nie udaje mu się nawet namalować portretu dziecka Rosanette – i zadowala się naśladowaniem wielkich artystów, najwyraźniej w celu odnalezienia tajemnic estetyki, a który kończy jako fotograf;

- Sénécal – nadęty osobnik, który zostaje policjantem, by zaspokoić swoją chęć dominacji;

- Dussardier, podekscytowany rewolucjonista, który zostaje zabity przez Sénécala, swojego dawnego przyjaciela.

Jedynie Martinon odnosi sukces, bo żeni się z bogatą siostrzenicą Dambreuse'a i zostaje senatorem.

Niektórzy widzą w tych bohaterach z niższej klasy średniej produkty społeczeństwa, od którego nie mogą się oderwać, choćby bardzo chcieli: w tej rewolucyjnej epoce obietnice zmian społecznych były nieuchronnie blokowane przez konserwatyzm systemu klasowego. Portretowani tu bohaterowie należą więc do pokolenia rozdartego między idealizmem, nieśmiałością i rozczarowaniem.

STYL PISANIA WZOROWANY NA TEMACIE

Autor przyznaje, że ma upodobanie do pasywnych bohaterów. I jego sposób pisania im odpowiada: Flaubert jest pisarzem, który się nie spieszy; pisze i opisuje powolność działań tak samo jak umysłów. Czy to celowo, czy intuicyjnie, styl pisania jest wzorowany na swoim temacie:

- Narrator nie interweniuje często, nie prowadzi opowieści. Nie widać, by ktoś pociągał za sznurki opowieści (biorąc pod uwagę, że nie ma fabuły). Wręcz przeciwnie, wszystko jest wyraźnie pokazane; sceny świadczą więc same o sobie.

- Opisy są obfite. Aby podkreślić bierność Fryderyka, Flaubert nadaje priorytet opisom: ich mnogość i ilość zawartych w nich prozaicznych szczegółów okazują się niezbędne do zrozumienia marazmu młodego człowieka. W pewnym sensie Flaubert nadaje sytuacji głębię. Waga tych opisów tłumaczy brak powodzenia utworu w momencie jego publikacji: ówczesna publiczność nie mogła się pogodzić z tym, że akcja i bohaterowie nie są w powieści na pierwszym miejscu. Poza tym narrator nie ryzykuje żadnych komentarzy, gdy sceny się rozwijają. Ale te opisy nie są całkowicie obiektywne i bezosobowe. W istocie, w całej powieści uważny czytelnik może dostrzec, że Flaubert wybiera pewne słowa zamiast innych, wskazówki, że autor zachęca czytelnika do zachowania dystansu i samodzielnego osądzenia tego, co ma pod nosem: ironia może więc przeważyć nad samymi opisami. Powinniśmy mieć świadomość, że niektórzy krytycy utworu uważają, że opisy te są nieodłącznym elementem światopoglądu młodego człowieka. Fryderyk, nie potrafiąc odróżnić tego, co istotne, od tego, co pomocnicze, ogłaszałby wszystko, co zaobserwuje, nawet najdrobniejsze szczegóły.

- Już sama składnia sprawia wrażenie letargu. Po pierwsze, liczne przysłówki i imiesłowy teraźniejsze obezwładniają wszelkie akcje. Po drugie, Flaubert robi wszystko, by wydłużyć rytm swoich fraz: są one często spowalniane przecinkami lub przeciągane zestawieniami i spójnikami. Skróty zdarzają się bardzo rzadko, a zmiany czasu są zawsze bardzo precyzyjne ("dwa miesiące później", "pięć miesięcy dalej").

DALSZA REFLEKSJA

KILKA PYTAŃ DO PRZEMYŚLENIA...

- Zbadaj podróże, jakie podejmuje Fryderyk między Nogent a Paryżem. Co one ilustrują?

- Twoim zdaniem, dlaczego Flaubert wprowadza postać Deslauriersa? Jakiemu celowi on służy?

- Porównaj te dwie pary przyjaciół: Fryderyka i Deslauriersa z Dussardierem i Sénécalem.

- W jakim stopniu postać Martinona, teoretycznie nieszkodliwa, sprzeciwia się wszystkim planom Fryderyka Moreau?

- Wydarzenia historyczne (zamieszki, kolejne przewroty polityczne, zamach stanu) dzieją się równolegle do głównej akcji, ale nie mają na nią wpływu. W jakim stopniu te wydarzenia historyczne są symbolicznie rozłożone w opowiadaniu? Dostrzeż związki między wydarzeniami z jednej i drugiej strony.

- Porównaj życie Fryderyka z biografią Flauberta. Czy mają one elementy wspólne?

- Przeanalizuj *Madame Bovary* oraz *Bouvarda i Pécuchet*. Porównaj głównych bohaterów tych powieści z Fryderykiem Moreau. Czy wykazują jakieś podobieństwo do siebie? O jakiej jednostce Flaubert lubi pisać?

- Wyjaśnij, w jakim stopniu temperamenty następujących postaci są ze sobą sprzeczne: Fryderyk Moreau, Julien

Sorel (z *"Czerwonego i czarnego"* Stendhala) i Rastignac (*"Père Goriot"* Balzaca).

- Jak wyglądałoby życie Fredericka Moreau, gdyby nie otrzymał spadku po zmarłym wuju? Wyobraź sobie jego relacje z innymi bohaterami, otoczenie i potencjalne cele osobiste. Podaj powody i przykłady na poparcie swojej analizy.

DALSZE CZYTANIE

WYDANIE REFERENCYJNE

Flaubert, G. (1922) *Sentimental Education*. Trans. Knowlton Ranous, D. New York: Brentano's.

BADANIA REFERENCYJNE

Beaumarchais, J.-P. i Couty, D. eds. (2001) L'Éducation sentimentale. *Dictionnaire des Grandes uvres de la littérature française*. Paris: Larousse-VUEF, s. 395-398.

Dantzig, C. (2005) Flaubert (Gustave). *Dictionnaire égoïste de la littérature française*. Paris: Grasset, s. 361-367.

Cogny, P. (1975) *L'Éducation sentimentale de Flaubert. Le monde en creux*. Paris: Larousse.

Chcemy usłyszeć od Ciebie, co się dzieje!
Zostaw komentarz na temat swojej internetowej biblioteki
i podziel się swoimi ulubionymi książkami w mediach społecznościowych!

Wydawca zapewnia o wiarygodności publikowanych informacji,
co jednak nie może wiązać się z jego odpowiedzialnością.

www.50minutes.com

Master ISBN: 9782808694841
Papierowy ISBN: 9782808616249
Depozyt prawny: D/2023/12603/1904

Verhaal: © Primento

Projekt cyfrowy: Primento, cyfrowy partner wydawców.